DE LA REVENDICATION

DES OBJETS MOBILIERS

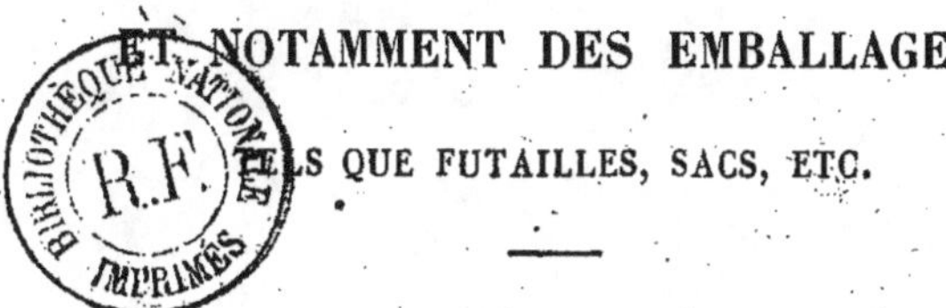

ET NOTAMMENT DES EMBALLAGES

TELS QUE FUTAILLES, SACS, ETC.

———

RAPPORT

*Présenté à la Conférence Régionale des Tribunaux de commerce
tenue à Lyon le 12 avril 1902*

PAR

M. J. DE BEYLIÉ

Président du Tribunal de commerce de Grenoble

LYON

IMPRIMERIE DE LA *GAZETTE JUDICIAIRE*

A. REY et Cⁱᵉ, Éditeurs

4, RUE GENTIL, 4

1902

DE LA REVENDICATION

DES OBJETS MOBILIERS

ET NOTAMMENT DES EMBALLAGES

TELS QUE FUTAILLES, SACS, ETC.

RAPPORT

*Présenté à la Conférence Régionale des Tribunaux de commerce
tenue à Lyon le 12 avril 1902*

PAR

M. J. DE BEYLIÉ

Président du Tribunal de commerce de Grenoble

LYON

IMPRIMERIE DE LA *GAZETTE JUDICIAIRE*

A. REY et Cⁱᵉ, Éditeurs

4, RUE GENTIL, 4

1902

DE LA

REVENDICATION DES OBJETS MOBILIERS

ET NOTAMMENT

DES EMBALLAGES, TELS QUE FUTAILLES, SACS, ETC.

L'étude de la revendication des objets mobiliers, traitée dans toute son étendue, comporterait facilement un volume in-8° compact.

Lyon-Caen, dans son *Traité de droit commercial*, lui consacre vingt pages, en ne l'envisageant que dans son état actuel et au seul point de vue de la liquidation et de la faillite. Et Lyon-Caen résume les questions plus qu'il ne les développe. Son argumentation est à la fois serrée et concise. Il est clair qu'en donnant quelque développement à pareille question, en la traitant, non pas seulement au point de vue où s'est placé Lyon-Caen, mais au point de vue des diverses saisies suivies ou non de vente, suivies ou non de liquidation ou de faillite, en analysant la jurisprudence sur la matière, aussi bien dans l'application des articles 2268 et 2279 du Code civil, que dans l'application des articles 574 et suivants du Code de commerce, en comparant avec le droit étranger et le droit ancien, y compris le droit romain, on arriverait à réunir les éléments d'une monographie importante et volumineuse.

Nous n'avons pas à parcourir un aussi vaste terrain. Tout ce que la loi déclare nettement, tout ce qui en découle en vertu d'interprétations de la jurisprudence devenues définitives, nous n'avons pas à en parler, parce que nous le savons ou que nous sommes censés le savoir, ne fût-ce qu'en vertu de cette fiction légale : « Nul n'est censé ignorer la loi. »

Je me bornerai à appeler votre attention sur les points qui font l'objet des griefs du commerce et de l'industrie et sur les solutions de nature à faire cesser les abus.

Notre honorable collègue, M. Calais, président du Tribunal de Cette, qui nous saisit de la question, en a lui-même limité l'étendue par la note dont il l'accompagne.

Sa préoccupation porte sur deux points seulement, malgré le titre conçu en des termes trop généraux.

Il se propose, par un amendement à l'article 2268 du Code civil, d'une part, de couper court aux retards apportés à la réalisation de l'actif dans les liquidations judiciaires ou amiables par des revendications tardives ou mal fondées, et, d'autre part, d'enlever aux présomptions établies par la loi en faveur du détenteur de bonne foi d'objets mobiliers ce qu'elles ont de trop léonin.

Il y a évidemment quelque chose à tenter dans ce sens, sinon quant au moyen proposé, du moins quant au fond.

Il est à souhaiter que les objets mobiliers compris dans des ventes judiciaires ou amiables demeurent le moins longtemps possible sous la menace de revendications exercées avec plus ou moins de fondement, et aussi que les droits des véritables propriétaires des objets mobiliers saisis ou mis en vente par autorité de justice ou amiablement soient mieux respectés et protégés contre des procédures trop hâtives.

Mais est-ce bien à la loi toute seule qu'il faut demander le remède au mal, et ce remède ne se trouve-t-il pas en partie dans une plus grande prudence de la part des négociants et industriels intéressés ?

C'est ce que nous allons examiner.

La location d'objets mobiliers est devenue depuis quelques années, comme le dit avec juste raison M. Calais, une branche très importante de commerce. Des capitaux considérables y sont engagés.

Malheureusement, les opérations des loueurs se trouvent considérablement contrariées par l'application de la maxime : « En fait de meubles, possession vaut titre ».

« Quelle que puisse être la nature du droit qu'un tiers prétend exercer sur les meubles, la règle est toujours la même : cette revendication ne peut être admise que si le tiers a pu croire de bonne foi que ces meubles appartiennent au locataire[1]. »

Il y a donc là une question de fait à trancher, qui peut être diversement interprétée et a donné lieu à une jurisprudence dont les décisions sont très hésitantes, parfois même contradictoires.

Les hésitations s'expliquent. Les intérêts des loueurs sont aussi respectables que ceux des tiers qui ont cru de bonne foi au droit de propriété du locataire sur les choses qu'il détenait ; ils doivent être également protégés en toute équité, mais la règle de l'article 2279 n'a nullement, suivant moi, pour objet de sacrifier les uns aux autres.

M. Calais estime cependant qu'une meilleure définition des articles, établissant la présomption en faveur du détenteur d'objets mobiliers, constituerait un guide plus équitable pour les juges, tout en donnant plus de fixité à la jurisprudence.

Les articles visés sont l'article 2268 et l'article 2279 du Code civil.

L'article 2268 est ainsi conçu : « La bonne foi est toujours présumée et c'est à celui qui allègue la mauvaise foi à la prouver » (art. 1116 C. C.).

L'article 2279, § 1er, est ainsi conçu : « En fait de meubles, possession vaut titre. »

D'après les dispositions légales contenues dans ces deux articles, le possesseur d'une chose mobilière peut

---

[1] Valéry, *Traité du louage des meubles*, n° 32, cité par M. Calais.

repousser la revendication instruite contre lui en allé-
guant seulement sa possession présumée de bonne foi.

Suivant M. Calais les différents intérêts en conflit se
trouveraient mieux conciliés, et les incertitudes de la
jurisprudence atténuées si l'on introduisait dans la loi
des dispositions conçues dans le sens que voici :

« La présomption de bonne foi, établie par l'article 2268, ne peut être invoquée par le possesseur d'un
objet mobilier, lorsque cet objet porte une marque de
nature à faire présumer qu'il a été donné en location
par un tiers auquel il appartient.

« Celui auquel un objet de ce genre aura été remis
ou sera sur le point d'être remis, pourra aviser de ce
fait, au moyen d'une lettre recommandée, la personne
dont la marque figure sur cet objet.

« Si la marque ne fait pas connaître le nom et l'a-
dresse du locateur, ou si ce dernier fait savoir que
l'objet en question ne lui appartient plus, ou s'il s'écoule
dix jours à partir du jour de l'expédition de la lettre
sans qu'il ait fait connaître l'existence de son droit de
propriété au possesseur de la chose, ce dernier aura le
droit de repousser toute action en revendication, ulté-
rieurement exercée par le propriétaire de la marque. »

Le délai ci-dessus sera augmenté, si l'une des parties
est domiciliée hors de France. « Ce délai serait de deux
jours pour la Corse, l'Algérie et les Etats étrangers li-
mitrophes de la France ; quatre jours pour toutes les
autres parties de l'Europe et trente jours pour toutes les
autres parties du monde. »

A mon sens les modifications proposées par M. Calais
ne devraient être acceptées ni toutes, ni sous cette
forme, c'est-à-dire à propos des articles visés.

Je ne voudrais pas voir demander la transformation
des présomptions établies dans les articles 2268 et
2279. L'atteinte portée à l'un des grands principes du
Code civil provoquerait à la Chambre une discussion
délicate, qui pourrait aboutir au rejet de la proposition.

La loi et la jurisprudence sont d'accord pour dire que l'établissement des présomptions légales incriminées n'interdit pas la preuve contraire, elles laissent seulement celle-ci à la charge de la partie adverse. Toute la question est donc de savoir, suivant moi, si la possibilité de cette preuve est suffisamment réservée aux intéressés. Sur ce point, avec M. Calais, je réponds énergiquement *non*. Il y a des délais mieux spécifiés à accorder, des conditions de publicité plus équitables à prescrire.

Mais n'est-ce pas aller bien loin que de s'attaquer au principe lui-même en demandant que la présomption légale : *en fait d'objets mobiliers, la possession de bonne foi vaut titre*, soit détruite par la présomption contraire quand les objets mobiliers porteront certaines marques ?

Pareille réforme, outre qu'elle est sérieusement contestable en théorie, fait naître, dans la pratique, de nombreuses difficultés.

Si vous admettez que certaines marques puissent par elles-mêmes détruire la présomption « en fait de meubles, possession vaut titre », quelles seront ces marques ? Suffira-t-il de l'estampille d'une ou plusieurs lettres de l'alphabet, résumant une raison sociale, comme cela se fait communément, ou bien exigerez-vous la mention de la raison sociale dans son entier, suivie de l'adresse du siège social et de l'indication qu'il s'agit de meubles remis en location ou en consignation, comme cela se fait quelquefois ?

Si, comme marques établissant la présomption nouvelle, vous vous contentez de quelques numéros ou de quelques lettres de l'alphabet, vous allez beaucoup trop loin : vous créez une présomption contre tout ce qui est normalement présumable, de pareilles marques se trouvant, la plupart du temps, aussi bien sur les objets mobiliers sujets à revendication que sur ceux qui sont livrés sans esprit de retour. Et si vous exigez des indications explicites, telles que celles de la raison sociale, du siège social et de la remise en consignation ou en location, ce n'est plus une présomption qui en résulte, c'est une preuve. Quel est le Tribunal qui n'y verrait la preuve autorisée par la loi et la jurisprudence contre les présomptions légales établies dans les articles 2268 et 2279 du Code civil? Dès lors, à quoi bon modifier ces deux articles ? Ne suffirait-il pas de recommander aux industriels et commerçants, pour les marchandises sujettes à revendication, des indications plus complètes, de nature à établir en leur faveur, non plus une simple présomption, mais une preuve? A quoi bon toucher aux lois, quand il suffit de savoir s'en servir et que les inconvénients dont on se plaint peuvent être tournés aisément par un peu plus de prudence dans les habitudes?

La preuve à l'appui d'une action en revendication sera d'autant plus facilement accueillie que les marques apposées sur les objets mobiliers seront confirmées par les mentions des livres de commerce qui font foi en justice, quand ils sont régulièrement tenus, et par les indications explicites fournies par les factures, la correspondance et les contrats passés.

Prenons quelques exemples.

En matière d'emballages à rendre, supposez que les fûts, les sacs, les verres, les caisses portent les marques que nous recommandons et que ces indications se trouvent confirmées, comme par surcroît, par les livres et la correspondance, n'y a-t-il pas là tout un faisceau de preuves devant lesquelles aucune présomption n'est capable de tenir debout ? Et leur constitution impose-t-elle aux intéressés des formalités si compliquées et si anormales qu'elles justifieraient l'introduction d'un principe nouveau dans notre Code civil? Il semble que non.

De même, en matière de consignation de marchandises ou de location de meubles. Un ensemble de conditions semblables ne saurait permettre au détenteur d'objets mobiliers consignés ou loués d'opposer au fournisseur la bonne foi (art. 2268 C. C.) ou la présomption « en fait de meubles, possession vaut titre » (art. 2279).

Mais les droits du fournisseur se trouveront-ils, par ces moyens, garantis, en principe, avec la même énergie envers les tiers? Oui, sauf cependant envers le propriétaire des immeubles quand il s'agit des objets mobiliers constituant son gage. Lui-même ne peut le plus souvent connaître que la première apparence des choses, parce que dans l'habitude il est laissé en dehors des contrats. Mais pas plus que le détenteur des objets mobiliers, il ne saurait, en sa qualité de créancier gagiste, exciper de sa bonne foi, s'il a été avisé de la réalité de la situation en une forme que la loi n'impose pas et qui est abandonnée par elle à la prudence des intéressés. Sans doute, la vérification des marques apposées sur les meubles lui échappe forcément au moment où ceux-ci deviennent son gage, et ces marques ne suffiraient point, par elles-mêmes, à faire écarter ses droits et sa bonne foi, mais qu'aurait-il à dire s'il a été avisé de la location verbalement, par écrit recommandé ou non, ou par la signification d'un acte extra-judiciaire? Pour être complètement à couvert, le fournisseur n'a qu'à recourir à ce dernier procédé, si l'affaire en vaut la peine et si la bonne foi du propriétaire lui inspire des craintes.

Assurément cela n'est point difficile, les Tribunaux n'en exigent pas davantage, et il n'est nul besoin de faire intervenir le législateur.

Il suffit de se rappeler que la preuve contraire peut être faite, même par témoins, même par présomptions graves, précises et concordantes.

La défense des intérêts généraux du commerce n'exige rien autre, sinon que la preuve contraire aux présomptions légales soit autorisée, comme c'est le cas, et l'on peut affirmer qu'elle sera facile si l'on se conforme aux recommandations ci-dessus visées.

L'atteinte portée au principe de la présomption légale est donc sans grande portée pratique et, en limitant la nouvelle présomption à créer au seul fait des marques apposées sur des marchandises, elle aurait d'ailleurs pour conséquence d'éliminer les indications résultant de la comptabilité et de la correspondance qui ont bien leur importance, elles aussi.

Seulement, ce n'est pas tout d'avoir le droit de faire une preuve et la possibilité de l'administrer facilement, il faut encore être en mesure de la fournir en temps voulu. Et c'est ici que la prudence des intéressés demande à être soutenue par la loi.

Mais, à mon avis, ce n'est pas le Code civil qui est en cause, articles 2268 et 2279, c'est le Code de procédure civile. Il ne s'agit pas d'introduire dans la loi un principe nouveau, mais simplement de rendre plus facile l'application des principes existants, en y adaptant mieux les règles de la procédure.

Le mal vient d'un défaut de publicité et de délai. Envisageons d'abord, à ce point de vue, les ventes amiables.

Ces ventes, quand elles se font en dehors des faillites et des liquidations, échappent à toute règle de délai et de publicité, ce qui n'offre d'ailleurs aucun inconvénient, sauf dans le cas de mauvaise foi, et alors les délais de trois ans accordés par le 2ᵉ paragraphe de l'article 2279 du Code civil et le jeu de nos lois pénales sont une garantie suffisante pour les intéressés [1].

Les ventes amiables consenties au cours des liquidations et des faillites, bien qu'elles se fassent sans obligation de publicité spéciale et sans délais imposés, ont

---

[1] Article 2279, § 2 : « Néanmoins, celui qui a perdu ou auquel il a été volé une chose, peut la revendiquer, pendant trois ans, à compter du jour de la perte ou du vol, contre celui dans les mains duquel il la trouve, sauf à celui-ci son recours contre celui duquel il la tient. » (Voir également art. 527, 550, 1141, 1302, 1350, 1752, 1926, 2084, 2280 C. C., 826 et suiv. C. Pr.)

cependant de grandes chances de ne point échapper à l'attention de ceux qu'elles intéressent, en raison de la publicité générale des liquidations et faillites et à cause de la garantie de prudence que l'on trouve dans le concours obligatoire des volontés du syndic et du juge-commissaire.

Tout au plus, et ici encore il n'est point nécessaire de toucher à la loi, conviendrait-il que, dans chaque Tribunal, par mesure d'ordre intérieur, il soit enjoint aux juges-commissaires et aux syndics de ne faire procéder à aucune vente amiable avant qu'il ne se soit écoulé quinze jours ou trois semaines depuis l'ouverture de la liquidation ou de la faillite, sauf quand il s'agit de choses sujettes à dépérissement ou de marchandises vendues en cours de commerce autorisé à continuer. Les fournisseurs intéressés auraient ainsi publicité suffisante pour être avisés, et délai voulu pour intervenir.

Il ne faut pas oublier d'ailleurs que dans les faillites les ventes amiables sont l'exception.

Les ventes amiables ne nécessiteraient donc point de mesures légales spéciales, tout au plus de la part de chaque Tribunal des instructions aux syndics et juges-commissaires.

Restent les ventes judiciaires.

Celles-ci sont réglementées par l'article 617 du Code de procédure civile ainsi conçu :

« La vente sera faite au plus prochain marché public, aux jour et heure ordinaires des marchés, ou un jour de dimanche ; pourra néanmoins le Tribunal permettre de vendre les effets en un autre lieu plus avantageux. Dans tous les cas, elle sera annoncée un jour auparavant par quatre placards au moins, affichés, l'un au lieu où sont les effets, l'autre à la porte de la maison commune, le troisième au marché du lieu, et s'il n'y en n'a pas, au marché voisin, le quatrième à la porte de l'auditoire de la Justice de paix, et si la vente se fait dans un lieu autre que le marché ou le lieu où sont les effets, un cinquième placard sera apposé au lieu où se fera la vente. La vente sera en outre annoncée par la voie des journaux, dans les villes où il y en a (art. 629, 632 et suiv. C. pr., 945, 946 et suiv., T. 38, 76).

C'est cet article qui régit la matière des ventes judiciaires, au point de vue de la publicité et des délais, qu'il s'agisse de ventes aux enchères effectuées au cours des liquidations et faillites, ou même en dehors d'elles en exécution de saisies [1].

Les délais et la publicité prévus par l'article 617 sont évidemment réduits à la plus simple expression. Cinq placards à apposer et une annonce insérée dans les journaux la veille de la vente, voilà l'unique obligation en fait de publicité. Et comme, au point de vue qui nous occupe, il n'y a de délais utiles que ceux qui suivent la publicité effectuée, on voit quelles minces garanties sont accordées, en l'espèce, aux propriétaires d'objets mobiliers sujets à revendication.

En pratique, les garanties résultant de la publicité et des délais qui la suivent sont heureusement plus considérables qu'il ne semble à la lecture de l'article 617 du Code de procédure civile.

Il est, en effet, difficile de concevoir un commerçant saisi-exécuté sans avoir été mis dans l'obligation de déposer son bilan ou sans avoir été déclaré en faillite d'office ou sur requête.

Dès lors, les garanties des intéressés se trouvent renforcées de toute la publicité prescrite en matière de liquidation ou de faillite. Les intéressés seront, selon toute probabilité, avisés en temps utile, non seulement par les annonces judiciaires insérées dans les journaux, mais directement par les avis personnels qu'ils recevront sous la forme des convocations qui leur

---

[1] La loi du 22 pluviôse an VII, qui traite de certaines formalités des ventes aux enchères, est étrangere à la question de la publicité et des délais.

sont adressées, en qualité de créanciers, par le greffe et les syndics.

Cependant, comme il arrive fréquemment que des opérations commerciales sont conclues avec des non-commerçants, notamment en matière de location de mobilier ; que, d'autre part, on conçoit que, même sous le régime de la liquidation et de la faillite, des ventes mobilières exécutées par la voie des enchères puissent, par la précipitation avec laquelle elles sont effectuées, se produire avant que les intéressés se soient trouvés en mesure d'intervenir, il semble indiqué de demander à l'article 617 une publicité plus effective suivie de délais normaux.

Ainsi, lorsqu'il résulte, soit des déclarations du débiteur[1], soit de la comptabilité, soit des marques apposées sur les objets mobiliers, que ceux-ci sont sujets à revendication, pourquoi ne pas contraindre les officiers ministériels chargés de la vente à en informer, au préalable, par un avis direct, les ayants droit dont ils connaîtraient l'adresse par les livres ou les marques apposées ?

Pourquoi ne pas étendre le délai compris entre la publicité prescrite et la vente, et mettre la durée de ces délais en harmonie avec les délais des distances, comme le propose M. Calais ?

Pour ma part, je trouverais pareilles mesures très rationnelles, mais pour le moment il suffirait peut-être d'émettre un vœu dans ce sens, en termes généraux.

Il resterait à déterminer la longueur des délais à adopter. Mais, comme ce problème touche à l'importante et délicate question du délai des distances, envisagée au point de vue national, comme au point de vue international, je n'ose l'aborder aujourd'hui.

---

[1] On pourrait même très utilement insérer dans la loi une disposition enjoignant aux huissiers saisissants d'interroger le débiteur sur le point de savoir si les meubles saisis sont sujets à revendication, avec obligation de faire figurer la réponse dans le procès-verbal.

En réservant cette question susceptible de faire, à elle seule, les frais d'un rapport spécial, nous aurons néanmoins très sensiblement déblayé le terrain, en repoussant toute modification aux articles 2268 et 2279 du Code civil, et en limitant au seul article 617 du Code de Procédure civile la réforme à faire, dont nous avons au préalable indiqué l'esprit général.

Quant à la préoccupation de M. Calais, relative aux revendications intempestives, elle recevra satisfaction dans l'étude ultérieure des délais à accorder. Ces délais s'ils sont établis en principe dans l'intérêt des propriétaires, pourraient l'être aussi dans l'intérêt des créanciers saisissants, parce qu'ils pourraient être pris ou considérés, dans une mesure à déterminer, comme constituant, en faveur de ces derniers, des délais de forclusion.